가로등만 한 십자가

가로등만 한 십자가
시산맥 서정시선 079

초판 1쇄 발행 | 2021년 6월 10일

지 은 이 | 이효건
펴 낸 이 | 문정영
펴 낸 곳 | 시산맥사
편집주간 | 김필영
편집위원 | 강수 오현정 정선
등록번호 | 제300-2013-12호
등록일자 | 2009년 4월 15일
주　　소 | 03131 서울특별시 종로구 율곡로 6길 36,
　　　　　월드오피스텔 1102호
전　　화 | 02-764-8722, 010-8894-8722
전자우편 | poemmtss@hanmail.net
시산맥카페 | http://cafe.daum.net/poemmtss

ISBN 979-11-6243-198-6 03810

값 9,000원

문화체육관광부　한국장애인문화예술원

* 이 책은 문화체육관광부 한국장애인문화예술원 사업의 일환으로 지원받아 발간되었습니다.
* 이 책은 전부 또는 일부 내용을 재사용하려면 반드시 저작권자와 시산맥사의 동의를 받아야 합니다.
* 이 도서의 국립중앙도서관 출판도서목록은 서지정보유통지원시스템 홈페이지(http://seoji.nl.go.kr)와 국가자료종합목록 구축시스템(http://kolis-net.nl.go.kr)에서 이용하실 수 있습니다.
* 이 시집은 교보문고와 연계하여 전자책으로도 발간됩니다.

가로등만 한 십자가

이효건 시집

* 본문 페이지에서 한 연이 첫 번째 행에서 시작될 때에는 〈 표기를 합니다.

■ 시인의 말

망가진 시계도 고치는데

그까짓 병든 몸 하나 못 고칠까

술병들이 비명을 지르던 시절은 가고

뒤틀린 마음도 세월은 가뿐히 이겨버렸다

역겨운 과거의 오물을 툭 차버렸다.

2021년 4월 10일

■ 차 례

1부

봄빛 − 19
청춘, 달리다 − 20
청춘, 날다 − 21
봄밤 장자몽 − 22
내 마음의 첫눈 − 24
아치산의 봄 − 25
그리움 − 26
남행南行 − 27
치자 꽃 그대 − 28
청어를 따라 − 30
휴식 1 − 31
휴식 2 − 32
청색 − 33
다시 찾아온 봄 − 34
겨울이 익어간다기에 − 35
떨어진다고 생각하면 떨어진다 − 36
인연 − 37
설악 1 − 38
설악 2 − 39

2부

난 벽 보고 이야기하고 있군 — 43

봄 — 44

당신의 삼월 — 46

왜 — 48

무서운 언어 — 49

상처 — 50

정말로 코끝에 맴도는 하늘색 산들바람이었어 1 — 51

So cool mountain breeze — 52

정말로 코끝에 맴도는 하늘색 산들바람이었어 2 — 53

사월 아카시아 — 54

無題 1 — 55

無題 2 — 56

無題 3 — 58

봄비 언어로 떨어지다 — 60

제2 도시, 3월의 하루 — 61

제2 도시, 꿈 — 64

제2 도시, 추억 — 66

제2 도시, 사랑 — 68

망각의 강 — 70

3부

가로등만 한 십자가 - 75
가로등만 한 십자가, 두 번째 이야기 - 76
가로등만 한 십자가, 세 번째 이야기 - 77
가로등만 한 십자가, 아침 이야기 - 78
가로등만 한 십자가, 다섯 번째 이야기(공생) - 79
가로등만 한 십자가, 첫 번째 안식일 - 82
가로등만 한 십자가, 일곱 번째 이야기 - 83
가로등만 한 십자가, 서른두 번째 사랑이야기 - 85
가로등만 한 십자가, 낮은 곳에서 사랑하기 - 87
이렇게 따스한 지중해풍 바람이 부는 날 - 89
입맞춤 - 90
허리 굽힘 - 91
자유를 보았습니까 - 92
자유가 그리워질 때 - 94
8월의 함성 태양을 녹이다 - 95
8월의 사랑 - 96
어느 밤 술 한잔에 - 98
바람을 잡으려고 바람이 되어보지 않아도 좋아 - 99
탕자의 序 - 100
유리가슴 - 102
거짓사랑 1막 1장 - 104

4부

어머니 – 107

가을청색 – 108

가을을 불러봐 – 109

옥상 – 110

설악찬가 – 111

출항 – 112

가을 냄새 – 113

입은 할 말을 잃다 – 114

있는 그대로 사랑하여라 – 116

돌돌돌 – 117

언어 그 부끄러운 이름 – 118

자판을 옥상으로 옮기고 – 119

가슴에 있습니다 – 120

시월의 마지막 121

여우산 – 122

가을이 깊어 가면 – 123

십일월 – 124

섭섭다 – 125

이렇게 – 126

1부

봄빛

제비꽃 민들레 기지개를 켜고
아이들이 오고가는 골목에서
아지랑이 봄빛이 나를 유혹하네

진달래 부엉부엉 울어대는 봄밤에
청솔모 하늘다람쥐
나를 보고 지지배배
한번 사귀자고
춤 한판 벌이자고

얌체야
얌체야

내 매실을
한 움큼 취해서
사랑의 최면제를 만들어야지
봄밤 혼인식을 위하여.

청춘 – 달리다

내일을 위하여
오늘
한 발자국 물러난다

내일
나는
폭풍의 질주
창공으로 부서지는 햇살을 끌어안고

청춘의
유희를
즐긴다.

청춘 - 날다

해에게 외쳐
쓰러지지 않을
소나무의 웃음으로 태어나
저기 저
청년들의 웃음
마음속에 가두다

자 철문이 열렸으니
하늘로 날아오르자
뛰어가다 돌부리에 넘어져도
무릎만 까질 뿐

난 청춘을 위하여
속도위반을 한다.

봄밤 장자몽

장자 눈을 감다
나비의 꿈을 꾸다
꽃에 앉으며
내가 꽃인가 하다

바람소리에 실려 온 소식
나는 꽃인가 미련인가
향기를 쫓는 날갯짓에
춤을 추는 국화송이
나의 마음에는 두 개의 초상

봄빛 속에 비친 고백 앞에
장자는 나
나는 장자
고개를 숙여
밤 깊도록 꿈에 허덕여 눈을 뜨니

나는 나

빗나간 화살에 맞은
꿈속에서도
ego의 ego 나는 나.

내 마음의 첫눈

너무 이른 눈이 내렸어요
가을이 무너지는 눈이 내렸어요
돌돌 굴리니까
머리가 되었어요
가슴이 되었어요
허리가 되었어요

눈사람을 향해 돌을 던지니
가슴에 구멍이 뚫렸어요
구멍 속으로 파란 하늘이 보여요

눈사람은 가슴을 내어줬고
나는 말벗이 되어주었어요
나는 눈사람의 가슴을 채웠지만
재가 된 사연을 말할 수는 없었어요

가을비에 눈사람이 녹아가요
겨울이 오면 또다시 눈사람을 만들 거예요
그리고 분홍색 모자를 씌워줄 거예요.

아치산의 봄

영남의 산이 가을을 준비하는지
꿈속에 사자평 갈대밭에 들렸습니다
갈대밭이었는지 금정산 무명바위 위에 뿌려졌던
달빛이었는지는 아직도 분간이 안 갑니다

또다시 봄이 오고
나비암 언덕 위로 부는 늦가을의 갈대바람이 그립습니다
간월재 고갯마루 청년들을 아껴주던 움집은 없어졌지만
바람에 봄빛도 따뜻했던 통도사 입구가 생각납니다

이제 벚꽃이 피면
아치산 곳곳에 피던 유채꽃을 그리워할까합니다.

그리움

내가 만난 것은
바다로 간 바람이다
늦깎이 사랑 태워
추억은 산에 묻고
그리움은 섬에 두고
이상은 바다에 띄워

때로 부드러운 바람
때론 험한 바다
오늘은
한잔 술 기울여
추억을 태운다

붉은 해가 침묵하던
남태평양 바다에서
나는 또 바람이 되어
보고픔을
산으로 보낸다.

남행南行

기차가 남으로 향한다
바다 냄새가 난다
꿈꾸던 세상 현실을 돌아
갯벌이 보이는 수평선
볕 좋은 양지 녘
꼬마낙타가 졸음을 청한다

기차가 남으로 향한다
새색시 노란 동정 빛
민들레 꽃씨 되어 떠돈다

바람에 날려
둥실 어허 둥실
나는 어디로 날아가는가
나는 어디로 날아가는가

썰물이면 갯벌에 큰 게 작은 게
노을에 볼우물이 달아오를 때
민들레 둥실
기차는 남으로 달린다.

치자 꽃 그대

지금은 가을을 부르는 계절
풀 마른 냄새가 퍼지는 정원에는
지난 가을 다시 핀 치자 꽃

향기가 가득한 아침이슬 속의
당신이 그립습니다

난 또 다른 유혹에 빠집니다
치자 꽃 닮은 그대
옛 계절 그대로 돌아와
새벽에 울던 소쩍새 뒤로하고
풍만한 모습으로
향기 가득 퍼집니다

치자 꽃 닮은 그대
나는 도망갈 수 없는 건가요
운명이란 이름의 구속을 거부하려나
진심은 받아들여지길 원합니다

〈
풀 마른 냄새가 퍼지는 계절이 돌아와
정원 가득 귀뚜라미 소리 요란할 때
다시 한 번 당신을 그리워합니다.

청어를 따라

강물을 거슬러 호수에
청어는 쉬고 싶다

푸드득푸드득 은빛물방울로 반기는
청어를 따라
고향을 찾아
먼 여정의 끝을 마친다

사망의 기억에서 몸부림치던
옛적을 지우고
꿈꾸던 청어의 은빛 비늘이
호수의 표면에서 반짝일 때
청어는 새로운 여행을 떠난다

파란 호수의 표면이
파란 청어의 몸부림에
파란 물결로 숨쉬며
파랗게 빛난다.

휴식 1

들판으로 나가자
솔가지 바람을 몰고
아침에 피어난 이슬로

초록색 풀잎 위로
메뚜기가 뛰놀며
떠오르는 태양에
아침을 느낀다

존재하고 싶다
참으로 존재하고 싶다
이상도 버리고
존재도 버리고
수풀 속에 숨더라도
나를 찾아
모든 것을 부인하는
허무를 극복하고

또 하나의 나를 말살한다.

휴식 2

숨 쉬고 싶다
아침이슬 영롱한 자태를 쫓아
대지의 호흡을 느끼며

돌아가고 싶다
내 마음의 고향으로
청어가 뛰놀며
흰 수염의 고래가 춤추는.

청색

옛 버들 호호롭게
길가에 앉은 민들레 꽃씨 위로
빛 맑은 청색에 섞여
후드득후드득 봄비가 온다

앉은뱅이 민들레 위로 옛 버들 호호롭게
빛 맑은 청색에 섞여
봄비가 후드득후드득 단잠을 깨운다.

다시 찾아온 봄

산에는 꽃이 피고
들에는 나물 나고
나무에는 잎이 피어난다

동그라니 앉아있다
나는 동그라니 앉아있다
꽃 피고 볕 좋은 계절에
나는 동그라니 앉아있다

멀리 바라보니 뿌연 안개가 서리고
주위에는 화사한 꽃빛뿐이야
옛정도 가고
친구도 가고
추억이 지는 산마루 너머
뿌연 과거의 회색만이 새롭다.

겨울이 익어간다기에

들판의 나무들은 입을 옷이 없습니다
강과 산이 나무를 품어줍니다
봄을 기다리는 것은 겨울이 춥기 때문이지요
눈이 오기를 기대합니다
하얀 옷을 입어야 나무가 춥지 않겠지요

눈이 내립니다
추억이 흔들립니다
나의 마음을 덮어줍니다

이제와 생각하지만
그 겨울에 얽힌 사랑이야기
겨울을 더듬던 술잔들의 정겨움
따뜻한 캠프에 흐르던
산 노래가 그립습니다.

떨어진다고 생각하면 떨어진다

남벽에 붙어서도
북벽에 붙어서도
추락은 나의 의도에서 시작됐다

떠오르는 태양을 향해서도
어둠 속 달빛에 젖을 수 있었다

산속에 부는 눈보라 속에서도
우리의 사랑은 은빛으로 영원하고

해저를 헤매는 연어의 머릿속에도
하늘을 나는 텃새의 지저귐이 메아리쳤다.

인연

우리는 여기서 만난 인연으로부터
서로 다른 길을 가고 있는 것처럼 보이지만
너와 나는 하나여라

나의 존재는 너를 향해 아름다워야 하며
너의 이상은 나를 풍요롭게 받아주는 포용으로
기다림에서 충실해야 할 터

하늘을 나는 연어의 속삭임이 메아리친다.

설악 1

아무도 없는 밤 별은 외로움에 떤다
언뜻 스쳐 지나간 별이기에
모두에게 기억 없겠지 생각한다

별이 기대려한 산골골짜기는
슬피 우는 산새의 지저귐에 잠기고
옆 동네 가야동 안동네 구곡담 물소리 요란한데
능선 너머 지려 하는 달마저 나를 외면한다

친구가 그리워 밤새워 그리워
찻잔에 솔잎 띄워 들이키는 긴 밤에는
아름답던 추억뿐이야

중청 대청 넘어 화채 권금성에는
보기만 해도 싱그러운 너의 음성이
소공원 반달에 또 나를 반기고 있네.

설악 2

신흥사 지나 울산암 눈길에 씻긴 느림보야
금강 안 가고 왜 예서 주저하느냐
와선 비선 신선들은 감자전에 술 취해 한낮도 모르고
나는 또 너를 지나 마등령으로
우리 동생 땀 흘리다 쉬고 가는 마등령으로
공룡능선 타고 훌쩍 뛰니 희운각 보살님이 염불 외고
봉정암 거쳐 갈 곳 없어 둘러보니 오세신동 오세암 이로다
백담계곡 소리에 취해 둥실 흘러가니

이내 몸 흘러 흘러 내 집 앞 한강수야

밤도 깊어 이젠 자야 하는데 옛 추억에 시계초침 요란해라.

2부

난 벽 보고 이야기하고 있군

난 벽 보고 이야기하고 있군
되돌아 올 소리의 방향이 없군
속삭이지도 않았으니까
소리 지르지도 않았으니까
내 마음에 담긴 소리를 말해야 하니까
계속해야 하잖아
어느 날 그만둬 라고 소리 지르면 어떡해
그때는 소리 없는 벽보다도 못하잖아
약간 답답할 뿐이야
아프지 않아
차라리 소리 없이 침묵해.

봄

봄이
빛 바란 슬레이트 건물의 남쪽에 앉아있으면
찾아오는 봄이

지지배 제비 따라 남쪽에 있다가
찰랑찰랑 창포에 담근 머리
쥐어 잡고 오는 모습에

민들레 노란색 진달래 연분홍 밟고
새파란 보리피리를 불며
그때도 넋 나간 눈을 계절의 수평선 너머로
살폿 살포시
배시시

지지배 댕기머리 끝에는 연둣빛 풀잎으로 묶고
 제비꽃 보라의 가라앉은 눈망울로 여기저기 살피고 올라온
 연인의 이름은
 입술 밖으로 살며시 새어 나가 어깨에 기댄 봄이어라

〈
　청색 파도 넘어오느라 물기가 번진 치마를 쥐어짜
　후두둑 후두둑 옥상에 눈물을 뿌린 계절은
　방정맞은 유채 가슴앓이 동백에 곱살스레 아는 체
　내게는 솔잎 뒤에서 짧은 입맞춤으로 인사하고
　남녘은 뒤로한 채 철책을 넘어 북녘의 눈을 녹일 봄
이어라.

당신의 삼월

하늘이 주저앉았다
추운 듯 약간 썰렁한 듯
눈이 올까 아니면 비가 올까
너무 많은 눈이 왔는데
비가 오면 추워질 텐데
아 당신이 오려나 보다
내 마음의 가뭄을 적셔줄 당신이 오려나 보다

바람에 골골 돌아 이제야 오려나 보다
경부선 남행열차를 거꾸로 훑어
남녘에서부터
진달래 꽃냄새 달고 오려나 보다
진달래꽃님하고 바람이 좀 나서 그려
하고 싱긋 웃으려나 보다
남녘에서 동백꽃 함박웃음에 눈이 멀었나 보오
하고 넉살을 부리려나 보다

행여 부탁한 바다 냄새의 추억을
천릿길 철길에 노자로 쓰지는 않았구려

하고 또 한 번 배포를 부리려나 보다

당신이 당신이
오려나 보다
오려나 보다
남쪽에서부터 파랗게 차근차근 밟고 오려나 보다
등허리 휘어지게 꽃냄새 채워
이제나 오려나 보다.

왜

시간이 지나면 잊으려 했는데
밤이 오면
어둠에 묻히듯
세월에 흘러 씻겨갈까 했는데

왜
대답 없는 편지를 써야 하는가
하고픈 말을 쓸 수 있단 말인가
한마디도 쓸 수 없으면서
하얀 밤을 본능과 절제를 오가면서 싸우며
나 자신도 이해하지 못하는 언어와
되풀이되는 고독을 외칠 수 있다면
난 죽으리라
나의 몫으로 남겨진 아픔을 포기하고
마음 편히 눈을 감으리라.

무서운 언어

벽보고 이야기한다
겁이 난다
하얀 벽에 내 마음이 튀어 더러워질까 봐
널 쳐다볼 용기가 없어 뒤돌아 앉는다
철저한 고립
마음이 외부와 격리됐다

나는 도시의 섬에서 살아간다
통신선은 잘못된 부호로 나를 가로막고
언어는 사랑하는 사람의 뒤에서 흐른다

무섭다
사랑해
이 말만큼 나에게 상처를 준 짧은 고백은 없었다
상대가 등을 보이기 전부터 나는 무너진다
난 버림받기엔 너무도 지쳐있다
지쳐있어
호흡을 하는 의미를 찾기엔
나의 기억이 과거로만 향해있다
용기를 내어 대화를 끄집어내려 해도
왜곡된 가슴은 문을 열기를 허락하지 않는다.

상처

답답해
어디서부터 의식의 흐름이 역류를 타기 시작했는지
나는 왜
그토록 받아들여지기를 원하면서
뒤돌아 뛰어가는가
또 다른 상처가 겁이 나서
영원한 상실이 주는 끊임없는 자책이 반복될까 봐

차라리 시간과 공간을 무시했던 과거의 어느 때처럼
2인칭의 대명사를 몰랐으면
봄빛 따스함에 젖어 무덤가에 피어났을 것을
해류가 방향을 바꾸면 나의 마음이 물결을 따라 흐를까
대화의 창을 남으로 열까

비겁해
난 하나의 단어도 노출시키지 않아
정녕 단어는 생명이 없이 죽은 지 오래인 것 같아

고마워
2인칭대명사.

정말로 코끝에 맴도는 하늘색 산들바람이었어 1

10년 전 춘계연맹합동암벽등반 금정암 장군암
이제 한 달하고 며칠이 지나면
그때의 하늘색 산들바람이 생각날까

그날 아침에 의식했던 누군가의 시선을 다시 잡을 수 있을까
무명 무덤가를 사이에 두고 이쪽에서
반대의 어느 모퉁이로 향하던 눈길을 다시 잡을 수 있을까
왜일까
누구의 눈길이었었을까
누구의 눈길이었기에 그리도 슬프게 날 바라보았을까

바람이 불었어
남녘의 봄을
그 따스함에 빠져 행복에 허우적 될 수 있었던
노란유채가 만발한 봄이
병아리 같이 노란솜털에 감싸인 만남을 거부할 수 없던
산정의 바람이 산들산들 코끝을 간지르는

So cool mountain breeze

(I) was meeting somebody's watching,

watching with the black eyes, in the spring morning breeze.

The black eyes sank into the bottom of my heart And so,

My sole was going to be sunk by the black eyes with sadness.

Why? why her sadness, watching me?

Maybe she knew my loneliness, maybe…

in the early morning.

정말로 코끝에 맴도는 하늘색 산들바람이었어 2

바람이 불어
바람이
10년 전 불어오던 산들바람이 내 창문을 열고 밀려들고 있어
산속이 아니고
이른 아침이 아니고
나를 바라보는 시선이 없고
세월이 10년이나 지났건만
그래도 또 바람이 불어
그 아침에 만났던 사람이 그리운 바람이 불어
병아리 노란솜털 같은 봄빛이 비치는 언덕에 올라
낯설은 도시의 고독을 깨우는 쉼 한번
과거라는 시간에 얽힌 추억의 분말을 들추는 쉼 한번
봄이 왔으니까
그 아침의 산들바람이 부니까
추억의 분말은 그때의 바람을 따라 날아가
그때 날 쳐다보던 사람에게

보고플 거야.

사월 아카시아

아가씨야
아가씨야

나의 별명을 사월의 아카시아로 불러주렴
사월이 되면 흐드러진 너의 향기로 날 불러주렴

벌통 댓 개 놓고
너의 그늘 밑에서 쉬련다
쏴아 바람에 너의 향기 날리면
천지 구분 없는 향기에 취해
술김에 너의 이름을 불러보련다

오월 등꽃 보라색에 속아
너의 이름을 달리 부르지는 않으련다.

無題 1

밤의 불꽃에

조용한 입김으로 귓가를 열다
타오르는 너의 외침에
오후의 태양이 숨죽이고
침묵의 나신을 벗으며
소리 없이 타오르다

내게 대화하다
조금만
조금만
나와 같이 타오르다

그러면
저 雪山도
침묵의 휘장을 벗고
나의 곁에서
섯은 나신을 벗고
타오르다.

無題 2

어둠이
찾아드는 카페는
조용히 단장을 서두른다

침묵
낯익은 이름이 나의 서른 살을 적신다

놈을 좋아한다
당신의 겨울만큼
퍼런 감정의 그 침묵

5월을 다가져도
다시 돌아올 저기
흰 산 너머의 당신

산 넘어 찾아오는
당신이
밤꽃처럼 피고 진다

〈
소쩍새가 날아
그분을 기다릴 때
꽃처럼 당신을 맞으러 간다.

無題 3

나의 귓전엔 너무도 좋아하는 사계가 흐르고 있습니다

봄이면 너를 생각하고 너를 잊고
산을 따라가다
너의 품에 안기지 못하는 서러운 마음에 울고
산으로 가는 길목에 앉아
소리 죽인 상념에 젖어

이제는 내려온 길
멀리서 바라볼 뿐
너와 함께할 서러운 도전도 없는 길
홀로 걷는 길이
오후의 열기를 뒤로하고
멀리서 멀리서
자꾸만 멀어져가는 저 산의 노을이
어둠에 잠기는 것을 탓하지도 않는다

대답해주렴
너의 의미는 무엇인지

내가 아는 것과 다른 음성으로 속삭여주렴

너와 나 사이에 生의 강이 흘렀다
레테의 戀歌가 그치고
어두움이 안개 속에서 새벽을 열 때
나는 예나 지금이나 앞으로나
너의 자리가 영원하듯이
나 또한 나를 태운다.

봄비 언어로 떨어지다

창공에서 떨어진다
자음에서 모음까지
갈라진 나의 가슴
봄비를 맞아 새로운 언어를 잉태했다

당신이 주신 언어의 산란
그 끝의 한 자락을 움키어
사랑한다고 이야기해야 하는데
그 오랜 시간 방황한 언어의 추락을
창공으로 돌려주어야 하는데

새 단장 옷매무새 가다듬고
떠나는 너의 얼굴
널 위해 언어를 아낀 것은 사랑했기 때문이야
나의 언어가 거짓을 아꼈기 때문이야

봄비 언어가 되어 떨어진다.

제2 도시 - 3월의 하루

오늘은 제목 없음
내용 없음

2004년 3월 10일 18시 30분
방금 전 나는 시장에 갔다 왔다
사람들이 붐비는 시장골목을 돌아
어머니께서 부탁한 구이 김 하나 콩나물 1000원어치
바람이 분다
심하게 분다
비디오도 두 편 빌렸다

지나가는 사람들을 쳐다본다
바쁜 듯 한가한 듯
사람들이 내 옆을 지나간다
바람을 따라 지나간다
바람을 맞으며 지나간다

나도 그 거리에서
하늘을 머리에 얹고 바람을 맞는다

바람이 날 때리며 지나간다
멍청아 멍청아
날 때리고 지나간다

이 바람이 해변의 도시에도 불길
해변의 파도를 흩날려 그녀의 가슴에 깊음의 설화를 이야기해 줘
해저로 숨어든 기억의 초상이 바람을 따라 수면 위로 떠 올라
시원한 저녁바람을 따라 도시의 조명 사이를 떠돌다
네가 본 거리의 모습과 함께
나의 이야기를 그녀에게 건네죠

잿빛 낮게 깔린 저녁을 어둠에 싸서
어두워지면
더욱더
밝음을 뿌리는
거리의 불빛을 포장해
그녀의 해맑은 가슴속에

수면을 지나온 너의 추억의 이야기를 들려줘

나는 이야기할 수 없는 가슴을 지닌 채 살아왔지만
오늘 저녁 너의 그 시원한 날개를 펴서
그녀를 감싸 안고 피곤한 어깨를 주무르며
살포시 입술을 열어
그녀의 마음속에
살짝 내 이야기를 말해줘
밤이 깊어 가는 동안 내 마음도 깊어간다고.

제2 도시 - 꿈

아늑한 꿈을 꾸었습니다
나를 반겨준 사람들이 그대로 있었고
내가 사랑한 산도 그대로 있었습니다
떠나갈 도시도 그대로 있었습니다

도시는 하얀 바다냄새로 나를 맞아주었고
산은 정월 첫눈으로 내게 인사했습니다
반겨준 사람들은 오비맥주로 날 사랑했습니다

시간이 지나도 변하지 않는 것은 소중한 것
나는 이리도 변하였건만
모두들 내가 변하지 않았다고 합니다

사랑이란 진정한 첫사랑이란 무엇일까요
어머니의 품일까요
처음 대하는 여인의 색다른 냄새에서 가지는 묘한 감정일까요
아니면 내 처절한 우정일까요

〈
사랑이 사람을 아프게 한다면
사랑을 버려버려요
사랑하기에 괴로워진다는 것은 가혹해요

하지만 사랑은 내 몫
아픔을 생각했던 것

제2 도시
꿈도 사랑도
옛 기억에 퇴색한 모든 것은 묻혀버렸습니다

전 또 다른 사랑을 할 테니까요.

제2 도시 - 추억

흐르는 음악처럼 시간이 돌아다닌다
과거는 자유로이 풀어줘 제 갈 데로 가게하고
나는 추억의 산을 간다

땀이 흐르는 것도 옛날과 같았고
숨이 찬 것도 옛날과 같았으나
산을 만나는 것만으로 기쁨을 느낀다

죽은 나무와 같았던 잿빛과거에 물기가 번진다
봄이 오나보다
절망의 과거에서 벗어나려나 보다
어제의 조각들을 다시 붙이는 일은 끝이 났나보다

다른 거울을 통해 나를 들여다본다
이상도 가고 추억도 가고
과거의 것은 모두 가고
깨어진 사랑으로 허우적대던 모든 것이
불타오르는 산마루에서 지나간 나를 죽이고
다시 태어난 나를 맞는다

〈
어미산의 태에서 나와 막 탯줄을 끊은 나의 실체가
희비가 교차하는 첫울음을 토한다
절망을 오래 간직하지 않는 교훈을 배우고
지난날과의 작별에 눈물을 흘린다

가거라 어린 과거야
함께한 기억이 힘이 들었던 것은 사랑했던 것을
과거인 것을 현재라 우기었던 것을
널 그리도 붙잡고만 싶었던 것을
이제는 맘 편히 네 갈 데로 가거라
내가 붙잡아 가지 못했던 세월을 탓하지 말고 가거라.

제2 도시 - 사랑

사랑이 사랑을 서러워하는 것은
사랑에 지쳐
사랑이 사랑을 그리워하는 것은
사랑에 아쉬워
사랑이 사랑을 못 잊는 것은
너의 기억 그 아름다움에 취해

지나간 기억 속의 도시에
너를 두고 오기엔 너무도 맘이 서러워
함께라면
경부선 꽃길이 웃음으로 가득했을 터
다 지나고
혼자라는 것을 뼈저리게 느낄 때
때 지난 늦깎이 투정을 해본다
나쁜 가시나
행복해라

비단치마 댕기 뒤로하고
산속으로 숨어든 추억의 모습에도

홍색에 홍색을 더한
나의 늦깎이 사랑은
추억의 도시에 홀로 남겨두고

제2 도시
너는 나에게 추억에 사랑에 절망에
이제 너의 이름을 잊는 것은
나의 늦깎이 사랑을 위함이야
그를 진정으로 사랑하기 때문이야

나는 애써 회색 도시에 지쳐있다 한다
너는 청색의 바다물결이었음에도

태평양에는 오늘도 긴 밤배소리가 울려 퍼지고
고독한 나의 사랑울음도 매일 밤 울려 퍼지고

먼 바다로부터 따뜻한 계절풍이 불어오면
나는 제2 도시를 부러 간다
추억의 도시 한복판으로.

망각의 강

 레테는 삶과 죽음을 가로지르는 망각의 강이죠
 죽은 자는 저승으로 가기 전에 이 강물을 마시고 생의 모든 기억을 잊는다고 합니다
 옆집에서 고함이 나는 것을 보니 한국이 터키를 상대로 선전하고 있나 봅니다
 희한하게도 축구에 도대체 관심이 없지만 후반을 마무리하는 시간이겠군요
 물을 마신 망령들은 카론이 이끄는 바닥이 없는 소가죽 배를 타고 강을 건너지요
 삶의 마지막 순간 친인척들이 준비해준 뱃삯을 낸다고 하더군요

 오르페우스는 죽은 아내를 구하기 위하여 카론을 속여 망각의 강물을 마시지 않고 저승으로 갔다고 하더군요
 뒷얘기야 뭐 맞는지 모르겠지만 저승의 신 하데스에게 아내를 구해 이승으로 도망하던 중에 뒤를 보지 말라는 하데스의 언약을 어기고 뒤를 돌아본 에우리디케는 저승으로 빨려들어 가죠

그냥요

제가 갑자기 소금기둥 같다는 생각이 들기도 하고

카론이 멋져 보이기도 하고 카론은 키가 작고 마른 체구의 왜소한 늙은이로 긴 잿빛 수염을 기른다고 하더군요

레테의 강물을 다 마셔버리고 싶기도 하고

아무튼 이제는 말과 글로 표현할 수 있는 것들이 줄어들었어요

진정한 정서는 문자와 음성으로 표현할 수 없으니까요.

3부

가로등만 한 십자가

겨울 네거리에서
눈이 오는데
그 교차로에서
눈은 바람과 더불어 어둠의 춤을 추는데

거기 그 십자로에서
눈을 맞으며
걷는데

발자국 위로 자꾸 눈이 덮이는데
바람은 눈을 날려버리기에 힘이 부족해 자꾸 우는데
뒤돌아보니
십자로 가운데 깨어진 가로등이 기울어져 가는데

난
깨어진 가로등인가 보다
누군가 기름을 부어
심지에 죽은
밝음을 다시 밝힐
십자로 가운데서

가로등만 한 십자가 - 두 번째 이야기

이야기할 수 있어
가로등의 사연을
겨울밤 밤새워 울던
바람 속에 묻힌 사연을

계절이 버려 멍든 가슴에
절로 한숨을 짓는 마음은
이제야 햇살의 존재를 잉태하고
버르적버르적 삶의 향수를 쫓아
녀석의 기척에 흠칫 놀라도 보고

멍한 눈으로 쳐다본 사랑은
들은 바 없다 하고
해저에 잠긴 나의 호흡을 외면하고
가시십자가 그림자 위로 해가 솟아오를 때
숨바꼭질
애가 탄다 나의 ego.

가로등만 한 십자가 - 세 번째 이야기

　　　　　　가
　　　　　　시
　　　　　　나
　　　　　　무
　　　　　　를
포옥 품에 끌어안으니 사
　　　　　　랑스런 가시가 날 찌른다
　　　　　　한
　　　　　　다
　　　　　　고
　　　　　　했
　　　　　　다

가로등만 한 십자가 - 아침 이야기

겨울비가 내린다
빗속에서 산소의 냄새가 난다
비는 물의 정령
물은 삶과 죽음을 포용하고
바다에서 태어나
하늘로 올랐다
바다로 돌아간다

나는 비를 맞으며
그 완벽한 삶과 죽음의 조화 속에
구분된 세상이 아닌
하나 된 세상을 꿈꾼다.

사랑은 모든 것을 참으며
   모든 것을 믿으며
   모든 것을 바라며
   모든 것을 견디느니라 (고린도전서 13장 7절)

가로등만 한 십자가 - 다섯 번째 이야기(공생)

아주 옛날에 두꺼운 책 한 권이 공간 속에 있었습니다
책은 조용한 공간이 싫었습니다
    어두운
    습 한
    답답한
어느 날 바람이 불었습니다
비가 내렸습니다
책은 춥고 허기졌습니다

그 두꺼운 책은 서서히 무너져간다는 것을… 자신이…
    그리고 책갈피 사이로 언젠가부터 겨자씨앗 한 톨이
스며들었습니다

씨앗은 답답하고 억눌린 압박이 싫었습니다
    왜 장소에 자신이 위치했는지를 한탄했습니다
책도 자기 안에서 꿈틀대는 무엇이 싫었습니다

바람이 불있습니다

비가 왔습니다
책은 무너져가고 씨앗은 몸부림쳤습니다
책은 썩어가기 시작했습니다
어느 날 씨앗에서 떡잎과 뿌리라는 손과 발이 나타났습니다

책은 자꾸만 썩어들어 갔습니다
잎사귀와 뿌리가 책 밖으로 나타났습니다
책은 자꾸만 썩어들어 갔습니다
바람이 불고 비가 왔습니다
잎사귀와 뿌리는 썩어가는 책을 거부하듯 자라났습니다

오랜 시간이 흐른 뒤 장소에는 커다란 나무 한 그루가 서 있었습니다
꽃들이 피었습니다
열매들을 맺었습니다
열매들은 책의 모습을 하고 있었습니다

열매가 떨어질 때 책 속에는 겨자씨앗이 한 톨씩 들어있었습니다

〈

  옛적의 책은 어디 갔는지 모르지만 나무는 깨달았습니다 - 어머니
  나를 비바람으로부터 적당히 보호하시려 썩어갔군요

  새로이 떨어지는 책들은 나무에게 인사를 건넸죠 - 아버지
  여행 속에서 영원히 당신을 기억하겠습니다

  얼마 후 천지에는 책들과 나무들이 영원했습니다
  그 두꺼운 책들 속에는 유일하게 씨앗 한 톨이라는 단어만이 쓰여 있었습니다.

가로등만 한 십자가 - 첫 번째 안식일

쉼

가로등만 한 십자가 - 일곱 번째 이야기

십자로에 일곱 사람이 서 있었습니다

한 사람은 북쪽을 향해 길을 떠났습니다
한 사람은 남쪽을 향해 길을 떠났습니다
한 사람은 동쪽을 향해 길을 떠났습니다
한 사람은 서쪽을 향해 길을 떠났습니다

한 사람은 신호등이 되었습니다
한 사람은 이정표가 되었습니다

나는 가로등이 되었습니다

사람이라는 단어를 쓰다 내(我)가 빠지면 삶이 된다는 것을 발견했습니다
ㅅ ㄹ ㅏ(我) ㅁ
삶이란 단어에서 내(我)가 빠지면 의미 없는 자음 ㅅ ㄹ ㅁ만이 남더군요
ㅇㅏ옴 ㅣ(我)는 꾀나 중요하네요
ㅅ ㄹ ㅁ 은 사람이 무릎을 꿇어앉아 말을 한다 일까요

그렇다면 기도겠군요
종교적 존재
대화인가요
사회적 존재

거꾸로 하니 사람이 기도나 대화함에 내가 참여하니 삶이 되고 삶에 또 내가 참여하니 사람이 되네요
사람에는 서로 다른 내가 둘이 만나네요(人).

가로등만 한 십자가 - 서른두 번째 사랑이야기

1년에 한 번씩 사랑을 했었나보다
봄 여름 가을 겨울을
그 속에 사이를 가장 사랑했었나보다
계절을 계절로 이어주던 그 이름 없는 계절을
고독한 계절의 이름을
좀 더 아름답게 부르고 싶었나 보다

그래 그것이 내가 사랑하는 너의 이름이야
존재와 존재를 이어주느라
그 사이에서
너의 모습을 감춘 것이 너의 이름이야

봄에서 여름으로 갈 때
나는 열병을 앓는다
봄을 놓아 주기 싫고 여름을 유혹하고 싶은 욕망은
또 다른 계절을 과거로 보내고
12월이 뒤로 달리면
보낸 계절이 그리워
다시금 달력을 1월로 넘긴다

〈
계절이 계절로 갈 때
나는 그 사이에 서서
황혼이 물들어가는 저녁 하늘에 동그라미를 그린다

그렇게
1년이 가고 1년이 가고
서른두 번째의 달력을
또다시 넘기려 하나 보다

그래 달력을 넘기기 전에
이 계절을 원 없이 사랑해야지
계절이 준 것을 사랑함으로써 계절을 사랑해야지

오늘 밤은 후회 없이 흰 눈이 펑펑 내릴 거야
들판은 고독한 고목을 감싸는
흰 눈꽃송이로
이 겨울은 따뜻할 거야

계절이 가기 전에 계절을 사랑해야지.

가로등만 한 십자가 - 낮은 곳에서 사랑하기

가장 높음을
알려 하니
내가 한없이 교만해지더라

가장 낮음에
임하니
내가 한없이 깊어지더라

그렇게
내가 작아지는 것을
두려워했건만
깊이와 넓이를 모르고
그동안
높이와 조망만을 탐하였나 보다

이제는 형식과 외형을
사랑하기에
지쳐버린
나의 가슴이

가장 낮은 곳에 임하려 하나 보다

그래 가장 작은 것에서 가장 아름다운 사랑을 꿈꾸
어야지
사랑을 크기의 가치로 재기보다
이제는 겸손하기를 선물 받아
가장 작고 낮으니까
가장 작고 낮은 것부터 사랑해야지

아니야
크고 작고 높고 깊음은 의미 없음이야

사랑해야지.

이렇게 따스한 지중해풍 바람이 부는 날

이렇게 따스한 지중해풍 바람이 부는 날
당신을 노래하지 못한다면
나를 위로할 하얀 눈이 내리리라

초원에서 빙하를 거슬러 열사의 광야와 평원
천지에 흩날릴 눈이 내리리라

지치도록 흩날린 눈꽃송이는
아직도 얼어버린 계절을 따라 허우적거리며

잃어버린 가슴을 부여잡은
나의 껍질 위로
서걱서걱 녹아내리며
열띤 마음을 식히고자 샘물처럼 흐르리라

이렇게 따스한 지중해풍 바람이 부는 날
당신을 노래하지 못한다면
나를 위로할 하얀 눈이 내리리라.

입맞춤

오디를 입에 머금어요
산딸기라도 좋아요
약간의 벌꿀을 머금고

당신의 고운 입술을 쳐다봐요
능금 빛 빛깔의 촉촉함이
열띤 생각의 나의 눈동자 감겨요

벌어진 당신의 입술 사이에서 살구 색 향기가 퍼져요

살짝 고개를 숙여요.

허리 굽힘

안녕하세요
허리를 굽혔습니다
안녕하세요
답례에 감사합니다
허리 굽힐 줄 몰라
이 순간까지도 벗이 없었습니다
허리를 굽히면
차디찬 땅바닥으로 처박힐 줄 알았습니다

안녕하세요
허리를 굽혔습니다.

자유를 보았습니까

자유를 보다
천상의 자유를 보다
천상의 자유 위의 또 다른
자유를 보다
지상으로 추락하다

자유가 아니었다
정녕 자유가 아니었다

끝없는 자유의 산맥은
내리막을 요구하고
쉬어가기를 요구했다
순리…

난 소중한 것을 얻기 위한
뼈아픈 투쟁의 슬픈 아름다움을
왜 몰랐을까
그 슬픔이 아름다움으로
그 아픔이 기쁨으로

탈피하는 과정의

즐거움을 몰랐을까.

자유가 그리워질 때

자유가 그리워질 때
그리움까지 사랑하자
애절함까지 품에 안자
비통함까지 가슴으로 즐기자

자유를 추구할 때
그는 나의 집착으로
떠나갔다

이제 집착마저
자유임을 깨달았다
집착을 버리다

자유와 하나 되는
산행의 초입을 보다.

8월의 함성 태양을 녹이다

젊음 그래서 좋은 것인가
상처를 모르는 무모한 도전인가
도약을 위한 쉼 호흡인가

쩌렁 쩌렁 쩌러렁
매미울음 같은
나의 골방에서도
너희들의 노래가 느껴진다

사랑의 함성
그 스물한 살의 처절한 몸부림
이상을 향한 도전

찬바람이 불기 전 다가오는
꼭 거쳐 가야만 하는
우리들만의 축제
열병.

8월의 사랑

님이 오시려는가
산 노을 곱게 밟고
서산부터
추억 아름아름 안고
허파에 부는 열띤 함성의
반가움

가을로 굽어가는
산모퉁이에서
풀잎냄새
우리들의 향기가 익어간다

자 잔을 들어
돛을 올리고 떠나려무나
파도 너머 저 땅은 아무도 모르는 곳
그곳에서 너의 이상 속의
흰 수염고래를 만나려무나
그리고
사랑을 하려무나

이 계절을 원도 없이 사랑하려무나

그리고
뼈를 깎는 아픔
그 기쁨
사랑을 배우려무나

고린도전서 13장
4절 사랑은 오래 참고 사랑은 온유하며 투기하는 자가 되지 아니하며 사랑은 자랑하지 아니하며 교만하지 아니하며
5절 무례히 행치 아니하며 자기의 유익을 구치 아니하며 성내지 아니하며 악한 것을 생각지 아니하며
6절 불의를 기뻐하지 아니하며 진리와 함께 기뻐하고
7절 모든 것을 참으며 모든 것을 믿으며 모든 것을 바라며 모든 것을 견디느니라

8월 태양은 불타올랐다
우리의 사랑은
함성으로 태양을 녹인다.

어느 밤 술 한잔에

비 구름 천둥 번개…
의미 없음이야
마음속의 울림은
하나라
메아리쳐 울부짖는데
현상의 티끌은
비 구름 천둥 번개…
슬프디슬픈 것은
의미로 나뉘었음이야

그렇게 가는 것은 세월
사람들이 의미 붙이기에 바쁜 시간과
공간 속을 헤매는데
의미 없음은
하나인 것을 쪼개려 하는 것

세월이 하나인 것은 이야기할 것도 없음이야
쪼갤 수 없는 것을 쪼개고
나눌 수 없는 것을 나누는 어리석음
사람이 할 수 있는 것은 미련한 것.

바람을 잡으려고 바람이 되어보지 않아도 좋아

엄지손가락에서
열 손가락으로
온몸으로
들로
산으로
바다로
하늘로

내가 사랑했던 바람은
어디에도 있더라

숨을 한번 쉬고
눈을 감으니.

탕자의 序

바람아 안녕
잎새야 안녕
그리고 벗어버린 나무야 안녕
안녕이란 부름이 이리도 힘이 들 줄이야

바람에 흩어지고
잎새에 걸러지고
너의 몸뚱이에서 의식의 표면을 벗기고
나의 벗어버린 자유함에
자유함에
자유함에
굴레를 씌운 기억의 저편

잿빛에 젖은 청백의 몸은
현상의 침식으로
토악질
끙끙 앓는 소리에…
웅크리고 웅크리고
꼼지락꼼지락

앞개울에 첨벙 빠져

철푸덕철푸덕
바삐 가는 사람처럼
몸을 씻어보지만
손톱 끝에도 흰색은 보이지도 않고
주르르 흐르는 구정물

개울을 더럽힌 나는 흐르는 물을 한 바가지 퍼마시고
토악질할 때까지 들이마시고
다 토해버리고

밤에
정사 속에 미쳐버린
벗어버린 나신을 끌어안고

훌쩍훌쩍
바람아 안녕
잎새야 안녕…
그리고 벗어버린 나무야 안녕
이렇게 되뇌인다.

유리가슴

세월이 가도 금이 가는 가슴
금세 깨어질 것만 같아
어두운 다락방에서
이불을 뒤집어쓰고
서럽게 울어보지도 못하고
흐느낌의 가련함

미친 척
이것저것 불러
이름 붙여보고
의미 붙여보고
끝내 남은 것은
홀로 있는 거실 한 귀퉁이의
스멀스멀 피어오르는
회한 그 외로움

날이 밝으면
또 강철과 같이
굳건한 척해야겠지

〈
빙빙 돌고 맴돌고 헤매며
상처는 없어
하고 있겠지

옛적의 나의 모습
유리가슴.

거짓사랑 1막 1장

사랑하는데
모든 것을 떠나서
이렇게 소중히 하는데

상처에 지난 세월에
미친 날들에서 빠져나오기 위해
거짓사랑이 필요해

사과를 준비해야지
독이 든 사과의 해독제를
입속에 품어야지

그녀가 다른 사람의 키스를 받는다면
그냥 죽도록 내버려둬야지
또다시 거짓사랑을 찾아 헤매야지.

4부

어머니

새벽별 이슬로 목욕했다
잎사귀에 스친 바람을 잡고 노닐다

반딧불 따라 밤새워 들로 뛰다
버선발 다 적셔서 돌아오니

어머니 코고는 소리
가르릉 가릉 가르릉
나를 낳은 아이 같다.

가을청색

하늘이 파랗다
바다가 파래서
마음이 파라며
파도도 파랗고

바람이 파래서
억새도 파랗고
가을이 파랗다.

가을을 불러봐

가을을 불러봐
혹시 지나갈지 모르잖아

나 잠시 잠든 사이
청록 울음 물들이고
가슴속에 붉은 인주 찍어놓은
도둑 같은 뒷모습

햇살 뉘엿 저물어가는 들녘
타들어 가는 지푸라기 벌판에
늘그막이 깔리는 내 청년을 속삭여야지

지나가는 거짓말을 붙들고 이야기해 봐
그의 뒷모습 그 알싸한 향기를
추억을 훔쳐보았냐고.

옥상

햇빛에서 향기가 난다

옥상 텃밭의 고추가
고개를 숙이고
열무는 햇빛에
하늘을 닮는다

길가의 돌멩이는
몸 둘 곳을 몰라 하고
오후의 코스모스는
해바라기인 양 뻗대고 있다

물길은 하늘로 향하고
열차는 평행선을 탄다
운동회 꼬맹이들
앞으로나란히같이

나무 위 째약째약 산새가
배부름타령을 하는 가을.

설악찬가

빛 바란 사진첩
설악의 몸부림

순결의 눈밭
청춘 피토하다

산맥 속에 스민
형제들의 노래

밤이 다하기 전
너의 숨결
능선 따라 불었다.

출항

다시 떠올랐다

태양
침묵 속의 용트림
새벽을 떠나 깃발 올리는

가슴속의 용광로
꿈 희망 사랑
다시 쓰는 산문집

젊은 사자의 포효
머릿속에
피 끓는 대지의 울부짖음.

가을 냄새

서늘해지는 밤공기가 가을엽서를 가져왔다
가로수 잎사귀 엽록소가 빠지고 고추나무가 잎을 떨군다

가을이 나에게 와서 어서 문을 열어달라고 창문을 두드린다
톡 톡 톡

가냘픈 손가락을 내밀어 옛적에 끼워준 연정의 가락지를 보이며
희미한 형광등 밑에서
밤공기를 즐기는 나에게
새끼손가락을 내민다

어머니의 대지 위로 풍요와 수확과 낙과落果를 뿌리며
주룩주룩
눈망울 가득
재회의 속삭임을 입력시킨다.

입은 할 말을 잃다

너의 입과
나의 입은 할 말이 없다

언어는 믿음이 없으면 아무 소리도 없는 것

마음속에는 깨어진 목소리로
너에게 향한 나의 진심이 표류한다
등대를 찾아
어둠 속에서 입술이 움직이는 것은
암초와 풍랑에 걸려 넘어지지 않으려는 몸부림

나의 숨겨진 선악의 쌍둥이능선
바람은 오늘도
쌍둥이능선의 극반의 사고를 헤맨다

결국 입은 할 말이 없다
입술은 포개지기 위해 존재하는 것
선악의 위아래는
수평선을 닮은 직선으로 포개지고

우리는 목소리 높여
밤늦도록 곡선의 사랑노래를 불러야지

결국 입은 할 말이 없다
단지 입술은 포개지기 위해 존재하는 것.

있는 그대로 사랑하여라

사랑함만으로 견디어왔다

나를 사랑하고
가족을 사랑하고
이웃을 사랑하고
당신을 사랑하고
하늘을 사랑하고
땅을 사랑하고
바람을 사랑하고
해저의 깊음을 사랑하고
새벽의 어두움을 사랑하고
겨울의 앙상함을 사랑하고

모든 것을 사랑하다 보니
나는 바람둥이
그래서 살아남았구나.

돌돌돌

구르는 거야
뛰는 거야
서 있는 거야

돌돌돌 소리 들리는데
너의 모습 보이지 않고
애절한 마음 귀를 기울여도
돌돌돌 소리뿐

돌돌돌
당신 내게 뭐라 속삭이는 거야

덩달아
나도 돌돌돌.

언어 그 부끄러운 이름

가슴의 한정적 표현
입술의 움직임에 의존케 하는
기초적 표현 불구의 제약
성대라는 것은 가식의 소리를 조율하고
마음의 방향을 엉뚱한 괘도로 올린다

창공으로 날아가는 음향의 반사는
눈가에 떨리는 경련을 무시한 채
엉뚱한 대답으로 돌아온다

간혹 이런 식으로
나 사랑해도 돼
육하원칙은 무시된다
삶은 모든 것을 표현하기에는 너무 바쁜 것일까.

자판을 옥상으로 옮기고

옥상 가득
검은 하늘에는 빛 맑은 별자리가
돗자리 깔리듯 펼쳐져 있다

잠시 그곳에서 표류하면 안 될까
물 맑은 은하의 가장자리에
작은 쪽배를 띄우면 안 될까
술잔을 띄워 탁주를 부어서
너에게로 보내는 우체부를 만나면 안 될까

계절이 가을을 징검다리하고 겨울로 훌쩍 뛰는 새벽
하늘에서 너에게 보내는 편지를
작은 술잔에 불 밝혀
물길을 따라 흘려보내는 마음의 간절함
돛배에 걸린 달빛에 부서진다

마음이 시리도록 겨울을 맞는다.

가슴에 있습니다

아침이라 침대에 앉아 한숨을 쉬면
가을이라 떨어지는 가랑잎 한 송이
늘그막 저무는 저녁의 꼬리를 잡고
수평선에 걸린 한숨을 화선지에 뿌린다

잿빛이었던 색상의 여백에 분홍이 번지면
하루를 접고
불어오는 석양에 고개를 숙인다
빛의 각도가 꺾이는 것을 바라만 보던 시선에
슬며시 흘러내리는 눈물의 짠맛
회상의 순간
고개를 숙인 잡념을 먹어버리고
태양이 숨을 죽이는 겸손에 침묵한다

가을이 걸린 산기슭을 보며
가만히 선홍의 향수를 불러 모으면
이층집 옥상 위로는 상념의 배출과 함께
긴 뱃고동 소리가 유난을 떤다.

시월의 마지막

시월의 마지막
빈 교실이 소곤거리고
청각을 떠난 화살표는 소리도 없이
숲 언저리를 돌아다니고
서늘한 아침은
가을을 먹는다.

여우산

달빛이 여우산에
긴 꼬리 여운으로
산을 흔들어
은빛 털로 바꾸었다

조용한 밤
포옥 한숨을 쉬며
층층계단 가로등이
밤길을 걷는다.

가을이 깊어 가면

낙엽의 추락
긴 바람소리
석양의 몰락
주륵주륵 흐르는 저녁에
밤바람 차가운데
길게 호흡하던 담배연기
연가의 끝은 사라지고
조용함은
가을의 끝을 쥐다.

십일월

십일월이 철길 위로 지나가고
하늘이 적색으로 물들 때
고요한 밤은 외치지 못하고
딸랑거리는 외등소리를 구경한다
거리에 깔리는 밤이 두려워
뒤돌아 뛰어도 나를 따르는 적막
이제는 하나라도 지키고 싶다
무엇을.

섭섭다

해가 흘러 시간을 도둑맞다
줄 것은 주되
돌아올 시간의 자리를 못 찾는
방황의
공간 속에서

울타리를 걷으려는
마음은
또다시
직선과 곡선의 선율에서 헤맨다
아름다운 미분과 적분 사이에서
끝도 모르는 시계추의 움직임
난 진실로 아름다운
시공의 똑딱임에
반한다.

이렇게

이렇게 스러지는 노을빛이 너무도 아름다운데
세월에 빛바랜 너와의 추억도 울어 운다
그때에 내가 못다 한 것은 널 소중히 여기지 못하였다는 것
과거라는 것은 현재의 연속
그래서 죽어도 잊지 못하는 악몽은 너와의 강제적 이별
정말로 원하지 않았어 잠시 내가 미쳤던 것이야
그리하여 널 만나는 날까지 나는 미쳐 지내야 하는 거야
이 시간에도 널 생각하며 미친 비명에 파묻혀
쓸데없는 시간의 애도로 나의 사죄를 뼈에 각인하며
세월의 미친 소리를 되돌리고자 한다
그리고 너의 앞에서 피 토하는 비명을 지른다.